NURIA CLAVER

NADIA

NURIA CLAVER

NADIA

HUERGA & FIERRO editores

Diseño de Colección: Huerga y Fierro

Primera edición: 2024

c/ Sebastián Herrera, 9
28012 Madrid-España
Telf.: 91 467 63 61
www.huergayfierro.com
huerga@huergayfierro.com

I.S.B.N.: 978-84-128849-9-9
Depósito Legal: M-13832-2024
Impreso en Romadac Industria del Libro
Impreso en España/Printed and made in Spain

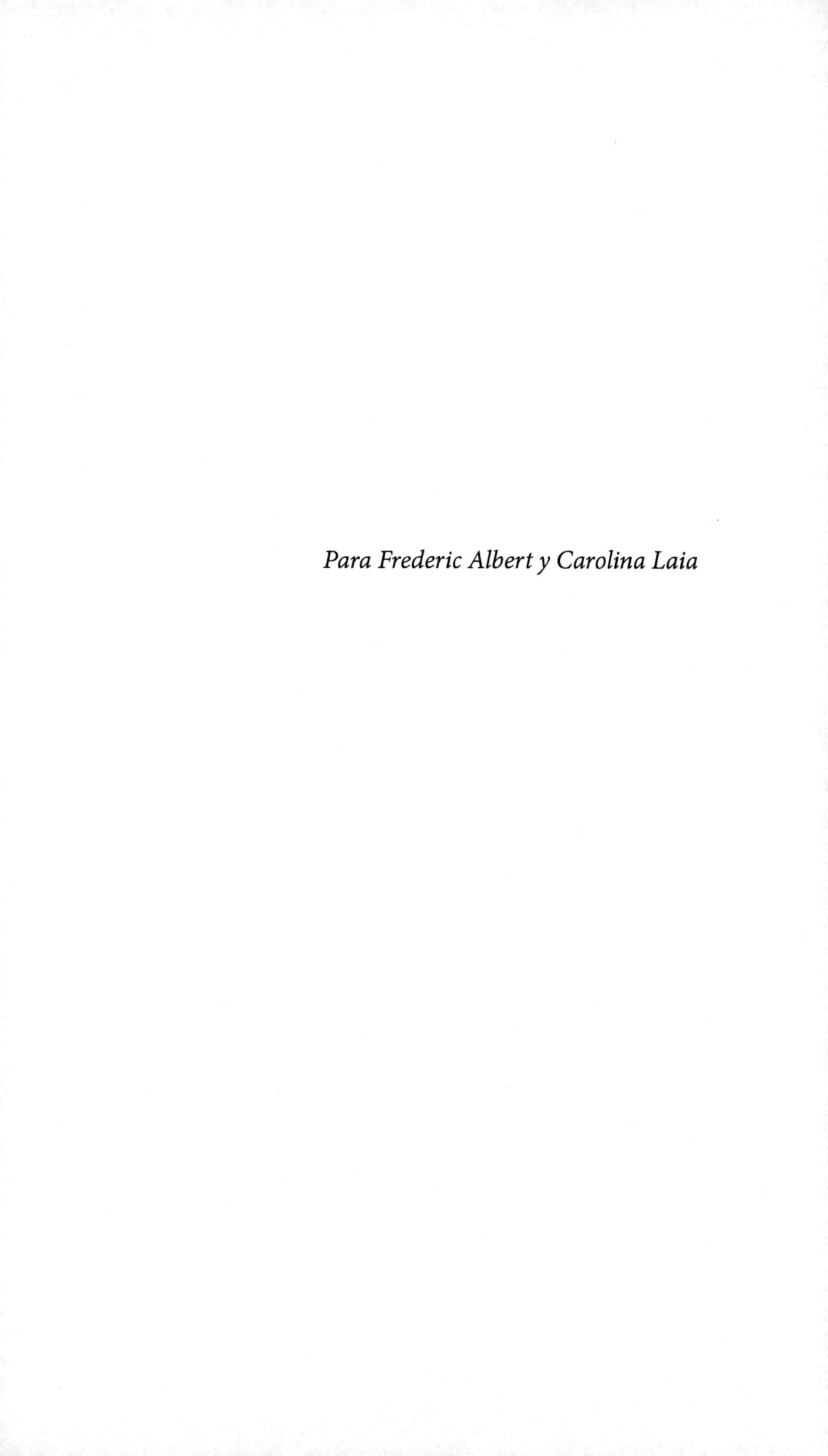

Para Frederic Albert y Carolina Laia

NADIA

Me rodearé de silencio
y florecerán en mí voces
…
Me alejaré de todo
y todo entrará en mí
…
La soledad me dará a mí misma
y al mundo
Anna Świrszczyńska, "La alegría de estar sola"

Desaparecía en las noches más cálidas
en el laberinto de los días
en los desordenados sueños
Inventaba palabras
describía universos
interpretaba los signos
no creía en los sueños
Olvidó qué significaba tener miedo
descubrió que no había enemigos
que las fronteras no separaban los países
que los ejércitos siempre eran el mismo
sus ojos descansaron en el vacío
Nunca se presentaba por su nombre
jamás llamó a ninguna puerta
nunca visitó los corredores
Amaba la eternidad
quiso convertirse en ella
Hizo eternos una tarde de noviembre
un amanecer de julio
cayó en el interior del tiempo
y mudó en misterio
Sembró su voz en las fauces de la tierra
hizo única su voz
El silencio de sus labios
era tan cierto
como siempre lo fueron
el secreto y los enigmas

NADIA está cerca del mar,
escucha el rumor de una caracola:

Errar no es estar soñando
el sueño no es estar dormido
la realidad es no permitirse el sueño
ser inexplicable
hilar la impaciencia con el sedal de la sinrazón
No es aconsejable hurgar en los sentidos
ni hace calor, ni llega el frío
ni en medio de la calma estalla la tormenta
ni ha de estallar una tormenta
para que después vuelva la calma
Un sentimiento oculta a otro
un pensamiento se opone a otro
No es posible desvelarlo todo
solo penetrar en la memoria
a través del olvido

Nadia apartó la arena
removió la tierra
enredó las ramas
Abandonó el cuerpo ausente,
la mente prisionera
en la soledad de las sombras

Y florecieron sus voces

No puedo hablar con mi voz sino con mis voces
ALEJANDRA PIZARNIK, "Piedra fundamental"

I. De la brillante oscuridad

Nuestra cuna está situada al borde de un abismo,
y el sentido común nos dice que nuestra existencia
no es más que un débil estallido de la luz
entre dos eternidades de total oscuridad.

Vladimir Nabokov, "Habla memoria"

La noche era redonda
y luminosa como un astro
Siempre renace marzo

Al borde del abismo, existo
entre el vacío del cuerpo
y la verdad del alma

Todo lo que digo
es humo
Todo lo que pienso
es humo
Todo lo que siento
Todo lo que soy
es humo

Desde ese corazón
que habita entre la bruma
escribo

Escribo sobre tejas de tejados que ya no existen
escribo sobre las piedras
en la tierra hundo las yemas de mis dedos
nunca fue un capricho este ejercicio

Para ahuyentar el insomnio de las blancas noches
buscaba palabras
el tiempo se disolvía en el afán de tejer
y destejer las mismas frases

El enigma, siempre el mismo enigma
oculto entre tejas de tejados que ya no existen
enterrado entre la hierba
en el barro que fue tierra

La inocencia ha muerto
La inocencia queda

En mi habitación hay una luz lunática
una nube de luciérnagas guarda la puerta
Sé de la atracción de sus destellos
no quiero salir
no quiero quedarme dentro

Escucho el ruido de las piedras
cristales rotos
la puerta estaba abierta

Había alguien más en el corazón de las tinieblas

* * *

¿Porqué no volverá el silencio?

Hay un río de mil voces
Hay un río de mil ecos

¿Quién me ha robado el mediodía?

Eres tú, la noche aciaga
dueña de mi alma
Me avasallas
me posees
No me dejas

Me abandonas
a un oscuro abismo
y no te importa si te ruego
que me alejes de él
No me escuchas

Eres la sombra
que alimento a cada hora
creces
me envuelves
No me arrojas

Hacia ti encamino
pasos de vidrio
helados pasos
pasos de arena
fogosos pasos

Eres horizonte
Eres ocaso

No recuerdo haber visto la luna
ni una sola estrella
las calles eran cada vez más solitarias
más angostas

Aligeré mis pasos
le tendí la mano
el camino desapareció
éramos el mismo abismo

Yo no hice nada

Fueron mis ojos
Fue su mirada

¡Despierta, vuelve al mediodía!

La luz que abandonaste te recuerda
sabe de tu nombre hilvanado con la noche

Noche de espumosas olas
blanca y gigantesca cresta
caes, exhausta,
sobre el mar
como la niebla

Caes
noche desierta
y queda en tu lugar
la huella del relámpago
días incendiados
atardeceres rojos

Parece que te fueras
y regresas
desnuda de misterios
instantes fugitivos
hondos alientos

Eres agua que discurre
por un cauce aún no descrito

Noche de olas
de luz y de memoria

Tiendo las manos a mi alrededor
solo encuentro agua
Vuelvo a sentenciar mi adiós
ensayo unas palabras para ti
no tengo memoria

He vaciado la esperanza en unas horas
he arrojado de mi todo el coraje
fuera está el tiempo que no quise
que dejé huir

Agoté la noche
y mis ojos se resistieron a la luz
busqué la oscuridad para vengarme
dejé que los destellos
eclipsaran el camino paso a paso

Al alba, pregunté:
¿Quién es aquella que escucho respirar,
que todavía vive?

‘Yo soy el decir’
me presenté cuando aún no lo sabía

Descubrí que la palabra es lo único que puedo dar
que es esclavo de sí mismo quien no sabe
y no muere quien nunca ha sido esclavo

Para ganar mi libertad uso la palabra
Para exorcizar la muerte

Voz que exalta el aire donde habita
que inunda el alba

Sonido eterno que hace olvidar
la memoria amarga

Lejanos ecos
simientes áureas
brotad en esta madrugada
sembrad la calma

Y tú, tiempo inoportuno,
no vengas a interrumpir la calma
no digas que es hora de partir
de haber llegado
no hables de instantes
no cuentes los años

Detrás del sol ¿habrá un cielo claro?

Mañana bordaré unos tulipanes en mi boca
y cantaré a la vida jubilosa

Mañana compraré una esperanza con la aurora
al mediodía la habré vendido al mejor postor
por la tarde intentaré olvidarla
y no sería extraño que al llegar la noche,
llena de añoranza, tratara de encontrarla

Para que seas mía ¡siempre mía!

¿Quién dice que no será la misma
que abandonaré mañana?

* * *

La vida hoy (no estoy ausente)
no es siempre el mismo abismo

Rogadme que confiese una verdad
y confesaré que muero

Probadme y veréis cómo me entrego a ese silencio
que reina en el vacío

Para recordar que no es esta la vida
porque muero

Cuando habites la penumbra
una desolada tarde
no escribas nunca a un buen amigo
no pienses en nadie

Olvida la arrogancia de tu yo
porque nada de lo que hay en ti es tu memoria
líquida e impenetrable
como el curso de un río imaginario

* * *

Las tormentas que no son propias del mes de marzo
te han sorprendido en este marzo

No esperes al verano para entrar en el otoño

Mece tus pupilas en el recóndito infinito
¿estás?

Caer
en el fondo todo está en silencio

¿Quién podría nombrar?
honda es la ausencia

Dime que no hay nada bajo tierra
que los pies descansan sobre un hueco

Caer
no sería tan violento

¿Estás?
Silencio

Los sueños brotan del silencio:
deseo que mi alma sea líquida
¡Deseo tantos deseos!

El único sueño es seguir soñando

Corazón de bronce
¿qué escondes?
¿en cuál de tus innumerables rostros
eres, serás, habitas?

Mira a esa mujer
de cabellos ensortijados como mil cobras
de mirada perdida en los siete océanos
cuyo único secreto es imaginar
que el suyo es diferente

¿Qué sabes tú que ella no sepa?

Dibuja su silueta en el espejo
las pasiones están ocultas
y el reloj de las edades le descubre
que nada de lo que ha sido cambiará jamás

Observa su reflejo
detrás está lo que no sabe
¿De quién es este rostro?
¿A quién le pertenece?

Es su alma indomable y libre
sierva de la razón y la inconsciencia
expuesta a los peligros
acechada por flaquezas

Esa mujer
de mirada transparente
y enigmática
que parece fijar la vista
y deslizarla
¿Quién puede ser?

Esa mujer
que se aconseja ante el espejo
o se ausenta de sí misma
que practica reencuentros y huidas
que tanto ama su vida y la detesta
¿Quién puede ser?

¿Quién si sus ojos expresan melancolía
si esos mismos ojos reflejan saber?

Nadie llega jamás cuando uno espera
nadie acude cuando con voz queda
alguien declama un nombre en el vacío

He gritado nombres al silencio
y los he visto alejarse
como si fueran de viento

Nadie me visitó nunca por sorpresa
nadie llegó a la hora
nadie acudió al momento

Conozco la herida
ahora que siento la tuya en el centro de mi alma
querría llorar por ti
desde tu piel me está doliendo la mía

Salir de ti quisiera
mas sin dejarte
llegar a mi
y no olvidarte

Siempre escribirás: te has ido
Siempre desearás: has vuelto

En este devenir apresurado
en las redes de este devenir
cuántas veces te oirás decir:

¡Vuelve, amor, para siempre, vuelve!

No hay paisaje más triste que un rostro sin nombre

No hay rostro más anónimo
que el que dibujan las líneas de la melancolía

La profundidad del mar parecía escasa
me sumergí, impaciente, en el océano infinito
quería volver hasta el principio
pero el final se apresuraba
sentí su mirada
era el último momento
tenía prisa y no llegaba

¿No estaba el horizonte detrás de la colina?

* * *

No esperes al otoño para entrar en el invierno

Verás helarse los almendros
y se secará el arroyo olvidado por las lluvias

Después de tantas noches
ausente de la noche
de tantas lunas
alejada del blanco y solitario disco
hoy cambio el calor de nuestros cuerpos
el encubierto horizonte de mis sueños
por esta vigilia

Quiero velar la noche
intercambiar con ella mis silencios

Ver dónde se oculta la luz

Reflejadas en un mar aquietado
eran fantasmas las velas de los barcos

No había viento
la niebla descendió
el horizonte quedó encubierto
por un velo de vapor de agua

No había nada
la mirada se perdía en los orígenes
llovió ceniza aquella noche de diciembre
los cielos se inundaron de brasas

Una profunda oscuridad
dio la bienvenida al alba

Melancólica impotencia
como la nube más negra
te ciernes sobre el valor
arrasas la voluntad
ocultas la inteligencia

Dejas caer tu sombra aciaga
sobre la vaga conciencia
seduces, tientas
incitas a la desolación

Creces ante la mirada inquieta
de quienes solo lloran
gimen o se lamentan

Cuando el deseo languidece
brota un eco redentor

Son las voces de los sabios silencios
que claman a los dioses
y cantan himnos de alegría
para festejar tu regreso:

¡Vuelve, ser inocente, para siempre, vuelve!

Has dejado tiernos amores
en tierra firme
has naufragado después
de tiernos amores

Las pasiones
incendiaron cuerpo y alma
no era de hielo
tu nombre o tu pronombre

Si lo fue,
fue, sobre todo,
líquido y nocturno
como un ave de río

Un claro
extrañamente iluminado
dentro del bosque

Te internaste en el bosque
confundida
y dejaste caer entre el follaje
el collar de perlas blancas

Cuando hubo callado hasta el silencio
y lo escuchaste
no había árboles más espesos
sombras más ambulantes

El color de tus mejillas descendió
mudándose hasta el blanco
¿y el carmín?

No había más espejos
que tu rostro plateado
color de luna llena
más perlas
que tus ojos de sonámbula
ávidos de luz
presos de las sombras

De nuevo hay luz en su ventana
ya no está el perfil de esa mujer
que vislumbré tras los visillos,
ahora lo cuida mi memoria
lo envuelve en sueños
lo arroba

Caminaba por el pasillo
y se giró para mirarme
llena de júbilo o de espanto
acababa de perder sus límites,
ahora soy ese perfil
que no volveré a ver nunca

El cielo está lleno de estrellas
hay flores amarillas sobre la mesa
las uñas lacadas en rojo
de una mujer que escribe para sí misma
de nuevo hay luz en su ventana

Ella no está
Queda ella

Pájaros brotan de mi alma

Mi alma es una estrella
de todos los colores:
sobre todo, el blanco
sobre todo, el negro
por encima, el rojo
por debajo, el verde
en el centro, el amarillo

Imponentes estallidos de la luz
que anida en mí

Los sueños son la oscuridad de un mar
que en la superficie brilla

II. El corazón del río

Mirar el río hecho de tiempo y agua
y recordar que el tiempo es otro río,
saber que nos perdemos como el río
y que los rostros pasan como el agua.

Jorge Luis Borges, "Arte poética"

Necesito un ruido de agua
el sonido de un fluir constante
que corteje a mis oídos

Necesito el misterioso lecho de los ríos
sus sorprendentes vados

Quiero recordar mis pies en equilibrio
sobre la pedregosa orilla
los reflejos del sol cuando atraviesa
la hierba húmeda
sus finas y brillantes hebras

Necesito un eco claro
un movimiento incesante y atrevido

Quiero tentar a mis pies
provocar a mis oídos

PIEDRAS BLANCAS

Hoy regreso al corazón del río
he sorteado sus corrientes
me he batido con fuerza
hasta llegar

Miro al cielo
escucho mi pasado

Es invierno
las desnudas ramas de los árboles
movidas por el viento
parecen preguntar en un murmullo
¿regresas?

Busco antiguos reflejos
caminos sumergidos

Piedras blancas resplandecen
bajo las transparentes aguas,
me envuelve el aroma del boj
de los rosales silvestres
Airosos se agitan los serbales
brilla el acebo
se esconde el muérdago

Ahí está el ojo que horada la montaña
el familiar sendero
el sonido embriagador de la cascada
su espuma blanca
las imponentes cumbres
y esta luz!

Ahora habito este paisaje
robo al tiempo su máximo atributo
sólo hay silencios, ecos
la memoria rendida ante el olvido

En el corazón del río
respiro

LA GARZA

Junto a un lago vacío
el tiempo reveló
las huellas de una garza

Diríase que estuvo
quieta frente al agua
atenta e impaciente
mientras el vuelo no alzaba

Podría recordarse
firme como un mástil
su silueta estilizada

Una de sus garras
en tierra como un ancla
sus dos alas plegadas
las plumas soleadas
erguida la cabeza
y la mirada en alza

EL VIAJERO

El tren no llega a detenerse
el andén está desierto
un remolino de vilanos
impulsado por el viento
cae sobre el cristal
ligero y en silencio

Viaja a solas
sueña: soy el otro

Siente que su espíritu se eleva
a esa hora en la que el sol
próximo a poniente
hunde sus últimos rayos
y un ejército de vilanos
escolta el tren que se desliza
imitando el avanzar de una serpiente

Es el viajero ausente, solitario,
preso de sus sueños más secretos

ETERNA OFELIA

Flores tiernas cubren el pecho
de una doncella

El agua lleva a la muerta
El agua lleva a la muerta

Párpados son pétalos
Pétalos son párpados

Ella ya olvida
cuando, sobre la hierba fresca,
nace el alma de la nueva Ofelia

Ojos abatidos por el rayo
miran hacia el ocaso

Sueños de impotente sinrazón
velan las noches de la víctima

Y otra vez:

Flores tiernas cubren el pecho
de la dulce Ofelia

El agua lleva a la muerta

LOS OJOS DEL MIEDO

Extraños refugios salen al paso
cuando la suerte deja de avenirse a tu capricho

Oleadas de renuncias velan la inteligencia
arrasan la voluntad

Mueres lentamente a manos de palabras
que te inundan de descreimiento

No cesa el dolor
ni alivia el sueño

Quisiera ser
resuena el eco

Quisiera ser
sólo silencio

ESTA TAMBIÉN ES ELLA

Bajo un cielo invisible
mantiene el equilibrio en el desierto
la arena hierve
los cardos están secos

Quisiera atravesar todas las dunas
fija la mirada en la próxima arista
vigila el precipicio

Podría caer
pero volvería a enfilar el mismo abismo
pues aún si el cielo que la acoge es invisible
es, ella lo sabe, un cielo sereno y apacible

HIJAS DE LAS SOMBRAS

Hasta que no ordena la luna a la marea
y viene el sueño

Hasta que no llega el silencio
y borra los restos de las frases que dijimos
aquellas que ocultamos,
nadie está a salvo

Cuando la marea se retira
regresan las palabras

Húmedas, recalan en la orilla
esclavas de las olas
presas de la luz
hijas de las sombras

NIEBLA

La ciudad está encubierta
huyes hacia el umbral
escoltada por los pasos
de aquel que también huye

Silencios de plomo
pesan sobre vuestras cabezas
no hay árboles donde se detenga el viento
ni fuentes donde evocar un lejano murmullo

Ecos y huellas guardan ausencia
hay un vacío
oculto entre los perfiles de lo real
y los huecos edificios

Huyeron cálidos verbos
voces, rostros, gestos, secretos
huyeron todos los sueños

La ciudad está encubierta
es niebla sobre tus párpados
humo entre tus manos cenicientas

SONATA DEL TIEMPO

Ya no vendrá el tiempo
ya no llegará
será tarde entonces
luego
ahora también es tarde
nunca más será el momento
la hora intermedia
absoluta
pasajera
el segundo inmediato
necesario

Ahora no será un instante
Ya no volverá

LA LIRA

Así que el tiempo bebe
la savia sustanciosa
y apura la copa de la vida
donde anida la raíz del primer ser

Así que roza
como una caricia intempestiva
con un gesto de ternura
la superficie de la piel

El cuerpo,
despierto a los sentidos,
escucha el sonido transparente
que emiten las cuerdas de la lira
mientras el alma,
ajena a efímeras delicias,
se estremece y vibra

EL ANDARIEGO

Escucha sus propios pasos
lentos, fatigosos,
ligeros solo en los instantes
que camina según dicta el destino
Apenas puede recordar el resplandor
pero camina

Llegará, a pesar de tanto,
después de atravesar aguas profundas
arenas movedizas
Sus sueños no le permitirán dormir
hasta que, libre de vagas impaciencias,
se oirá decir:

"El único secreto es alejarse"

Viaja hacia la región del ser
todo está en silencio
sólo escucha un eco
está latiendo el universo
es idéntica la luna,
el mismo astro que fue en tiempos

Todo permanece
todo es efímero
a un ritmo trepidante
a un ritmo muy lento
No se han movido las olas
no ha variado el movimiento

Una mirada puede contener el universo

SIEMPRE

Las sombras abandonan sus espacios
se adhieren a la luz
vienen despiertas
más vivas que la momentánea conciencia
más ruidosas que los versos
todavía discretos

Oculto el verbo que declina
las intrigas primordiales del ser
alimentado por la eterna duda,
crece, desde siempre, en solitario

* * *

En las redes de este devenir
una vez más te oirás decir

¡Vuelve, amor, para siempre, vuelve!

SECRETOS

Golpeáis, insistentes, las paredes de mi mente
dejo que me inunden vuestros ecos
os dejáis oír para que jamás os nombre
mi boca, celosa, se abre, tiembla…

Qué oscuras secuencias

Qué emocionantes las horas a las que debí gratitud
porque fueron eternas

Qué sórdidos entreactos

Qué extraordinarios los días que amé por amar
y disfruté de un gozo sin sombras

Qué oscuras vigilias,
qué delirantes sus haces de luz pálida y fiera

Qué lenta la espera tras el fulgor del deseo,
la niebla y el miedo

Giraba la rueda, la suerte cambió

¿La dicha era eterna?

SOSPECHA

Quién dice que no veré caer
torres que hubieran sido de oro
o de marfil

Que no veré sepultar
sueños que podrían haber sido
el título de un óleo
el estilo de un poeta

Aire para el aire
Arte, sueño, realidad

FUEGOS

Sus labios se estrellaron contra el frío
sus brazos se perdieron en la niebla
las noches se agotaron en suspiros

Junto al horror de no ver a nadie
nació el deseo de incendiarse

Tan hondo es el temor
de girar a solas en el espacio,
que es destino del hombre arder
como es su destino apagarse

A ORFEO

Toda la noche acompaña a mi voz
la misma súplica
el fervor de los ruegos
el clamor de la impaciencia

Temo que, antes de tiempo,
vuelva la vista
temo el final de una leyenda

Hoy camino hacia la vida
no puedo evitar la prisa
espero que decida:
este es el instante de mirarte

Mientras,
amo profundamente
en el silencio

En secreto,
sólo su nombre
acompaña a mi voz toda la noche

AMAR

Hacía falta despertar a la ternura
desprenderse del insolente orgullo
demoler el altar donde reinaba
una asfixiante soledad teñida de victoria

Hacía falta regalar una mirada
ver desde el lugar del otro
amar las manos que acarician nuestro cuerpo
añorar los labios que besamos
exhalar hondos suspiros

Hacía falta
Nos hacía falta

ÉL

Él es la elegancia de su alma
abierta y clara
el aire de su espíritu
sensible y libre
la presteza de su ánimo
el valor de su corazón

Su ternura aplaca el furor de mis agitadas aguas
nado, ansiosa, hacia su plácida arena
gozo entre sus brazos
amo

Hemos rasgado un velo
Hemos sido luz en nuestra niebla

ABRIL

Jamás el tiempo
ninguna de las horas
que vorazmente devora
podrá con la corriente

Otra vez el agua rompió el dique
abril muere lentamente
brotan rosas en el jardín
el templo ha florecido

VESTIGIOS

Negro, el pájaro, en una esquina de la vasija
su presencia está viva

Flota en el aire la mirada inexistente
de alguien que habita contigo en la vigilia

Corales rotos
desgastados por el viento

Sagrado y venidero tiempo
quién pudiera escuchar tu eco
solo un incierto pasado es tu profeta

NADA

Vírgenes escoltan las columnas
pupilas ensimismadas
entregadas a la magia
bocas condenadas
a no pronunciar jamás una palabra

Poseedoras de un poder
ungido por misteriosos símbolos
perduran sus miradas
eternamente presas
a salvo de la nada

LLUEVE

Llueven canciones desesperadas
llueven

Vuelan secretos inconfesables
vuelan

Se oye el batir de alas
de un pájaro imaginario
las notas de un piano
dibujado en la pared
se oyen en la noche mil palabras

Nada derrumbó el gesto del artista
que vive y muere
dichoso y desdichado
Gris era la hora del crepúsculo
llueve

Voces de inquietante realidad
excelsas voces
serenas risas de sonámbulo
discreto príncipe del sueño
llueve

CORTINAS DE TERCIOPELO

Respira un eco
llora en el desván
junto al hábito de las fechas
junto a imprevisibles sendas

Cortinas de terciopelo
ocultan la costumbre,
una ligera brisa conmueve
extasía

Evoca el árbol que inclinó su tronco
la cúpula, el frontón
enigmáticas columnas
el rostro de la esfinge
la música que fue de los violines

Bajo la piedra, el mineral
bajo el viento, el aire
círculos de estaño
trapecios de papel
el líquido que alimenta,
agua y espuma

No soñarán las olas con la orilla
no descansará el fluir constante
que discurre como un río
busca la ruta
persigue el instante

Ahora, ahora…
mientras la vida es nunca

ATARDECE

Ahora que atardece ya en tu mar
y un tímido oleaje se rinde ante el ocaso,
adivino en tus pupilas
un destello que advierte
que interroga

Imagino tus horas solitarias
y comprendo tu afán por refugiarte
en la inmensidad de un océano
a tus ojos tan amigo
tan cercano

Te adivino dichosa
al celebrar esa hora amable
en la que el sol, teñido de naranja,
desciende sobre el mar
deseoso de abrazar el horizonte

OCTUBRE

Hablan la lluvia y el silencio
en un murmullo repiten el inicio de una frase:
somos, estamos, devenimos

Absortos escuchamos sus ecos
en armónica cadencia hacen vibrar al tiempo
somos, estamos, devenimos

Cada gota evoca el ser que fuimos

UN AROMA

Esta fina lluvia
de primavera
que siembra el cielo
de transparencias,
recuerda un aroma
de dulces comienzos,
de tiernas conciencias,
de amenas tardes
sobre la hierba fresca

Esta fina lluvia
que besa la tierra
abre el corazón,
deshace la espera

III. Poemas de lo extraño

Cada día son más breves mis poemas.
Pequeños fuegos para quien anduvo perdida en lo extraño.
ALEJANDRA PIZARNIK, "El poeta y su poema"

Mañana abriré la puerta de mi alma
donde solo puedo ser, a falta de todo,
a cuenta de nada

Mañana soñaré otros mañanas para amarte
como estos días en los que tú eres todo mi mundo,
y yo el tuyo

Ahora que te has ido, ruido
y ya no encubres el rumor de nuestro río
brotan de nuevo los versos:

Rompen las olas blancas sobre el mar azul
Danzan las nubes blancas sobre el cielo azul

El tiempo reposa en nuestras manos,
se enreda entre los dedos

Está ahí, denso, quieto,
es un tiempo sin tiempo
desprovisto de horas invisibles

Un tiempo real
construido con retazos de aquel tiempo
que transcurría sin hacerse notar

Una hora y otra
Un día más

Días de grises y temores
las olas golpean con fuerza
se estrellan contra las rocas,
el miedo asalta el pensamiento

Solo mi sombra pasea por el jardín
ahora atiendo al viento
escucho los susurros de las ramas al mecerse
el canto de los pájaros

Evoco el tiempo en el que imaginaba
que solo iba a ser yo
o acaso mi sombra,
solo mi sombra

Duele esta primavera

Los árboles miran al cielo solitarios
no hay voces, no hay suspiros, no hay pasos

Duele su esplendor
la luz estalla ante nuestros ojos prisioneros

Quisiéramos gritar:
¡Detente, primavera, espera!

El miedo congela la razón
la incertidumbre aturde los sentidos
el dolor induce al vértigo
somos presos, somos cautivos

Nos rodea una línea de fuego

Una luz cenicienta encubre el cielo
hay una rigurosa quietud
un silencio extremo

No albergo un solo pensamiento
un solo suspiro
no atiendo a la extrañeza de este tiempo
casi muerto

Temo sentir
temo soñar

He concedido todo el poder al tiempo
con ánimo impávido
solo contemplo

La luz tiene un tono amarillento
el polvo del desierto
roba los perfiles

Una niebla densa y codiciosa
cubre la tierra yerma
el alma baldía

Melancolía

Lluvia de abril
agua serena que colma la tierra

Días de brillos y de grises,
de cielos rasos y pobladas nubes

Horas sacudidas por el viento
sumidas en la calma

Luces que se encienden
y se apagan

¡Así muda mi alma!

La noche espesa y tibia extiende su silencio
las horas están presas
los pensamientos bañan las orillas de la memoria
los recuerdos asaltan el corazón

El silencio mece las horas
la mente cautiva solo puede aceptar la noche
abrazar la quietud
esperar otra madrugada

Luna de hielo
Cristales rotos

Última noche de dos mil veinte

De golpe ha vuelto la vida
el ocio, la risa, el bullicio, la música,
las horas de sol, de luz continua

Alentados por la dicha,
celebramos la libertad

Es hora de soñar

Hoy preside el camino
el rumor de las golondrinas
ruge el mar

Hay una ruta desierta
en la que no existe pasado
ni futuro
ni este presente que huye
que huye

Paseo entre palabras
vuelven los versos que escribí
cuando mil flores anidaban en mi:

“Soy la hoja del espino blanco
que atraviesa el incoloro aire de la vida
en un vuelo imaginario, irrefrenable y loco”

Me gusta el ruido de las palabras
cuando caen,
libres y en cascada,
sobre la mente abierta
celebro su rotunda presencia
sobre el blanco

Admiro su osadía
cuando audaces y caprichosas
crean sus propias reglas
licencias que componen sugestivas voces
sonidos robados a la conciencia
en la soledad de una noche despierta

Índice

II. EL CORAZÓN DEL RÍO

III. POEMAS DE LO EXTRAÑO

Esta obra
se acabó de imprimir
con los auspicios de
Charo Fierro y
Antonio J. Huerga, editores

FINIS CORONAT OPUS